Les Trois Souhaits

COULOMMIERS
Imprimerie Paul Brodard.

BIBLIOTHÈQUE DES ÉCOLES ET DES FAMILLES

Les Trois Souhaits

PAR

VERCONSIN

OUVRAGE ILLUSTRÉ DE 5 GRAVURES

PARIS
LIBRAIRIE HACHETTE ET Cie
79, BOULEVARD SAINT-GERMAIN, 79

1900

LES

TROIS SOUHAITS

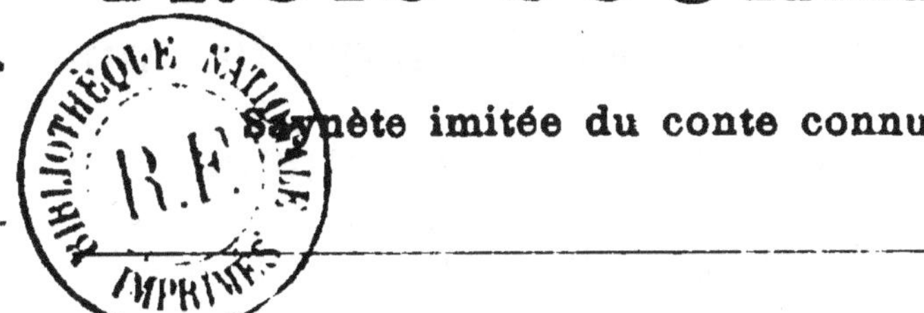

Saynète imitée du conte connu.

PERSONNAGES

PIERRE, villageois. | JACQUELINE, sa femme.

La scène se passe à la campagne, chez Pierre. — Chambre de paysan. — Bahut, table, chaises rustiques. Une horloge. — Un miroir accroché au mur. — Un balai.

SCÈNE PREMIÈRE

JACQUELINE (seule, balayant.)

JACQUELINE (regardant l'horloge). — Huit heures. Pierre, mon homme, va revenir des champs; préparons l'souper. (Elle pose le balai dans un coin, ouvre le bahut, d'où elle tire ce qu'il faut pour souper.) Les assiettes, les verres, la piquette, un plat de fèves et puis la miche, et puis le fromage, et puis... et puis c'est tout. Pierre trouvera que le souper est maigre, parce qu'il est porté sur sa bouche, mon p'tit homme..... L'boucher d'la place brûlait pourtant un bel habillé de soie, à c'matin, et j'aurais ben acheté une aune de boudin; mais il n'fallait pas y penser. (Elle indique d'un geste qu'elle n'a pas d'argent dans ses poches). Ne l'fallait pas. (Elle chante en achevant de mettre le couvert. Pierre entre sans qu'elle le voie).

JACQUELINE. — On dirait quasiment qu'leur bonne fée leur rapporte

l'argent qu'ils jetont par la fenêtre. Ah! j'voudrais t'être encore au temps des fées, moi. On n'avait qu'à parler, dans c'temps-là, et crac, il vous arrivait une belle dame par la cheminée, par l'trou de la serrure, qui vous baillait tout ce qu'on lui demandait.

PIERRE. — Va-t'en voir si elles viennent.

JACQUELINE. — Hein! tu crois donc pas aux fées, toi?

PIERRE. — Quand on a reçu quelqu'inducation, on sait ben qu'i n'y a pas plus de fées que de loups-garous.

JACQUELINE (protestant). — Pierre!

PIERRE. — Y en a eu; il est ben certain qu'il y en a eu, mais n'y en a plus. Paraîtrait que c'est à la grande Révolution qu'on les a supprimées.

JACQUELINE. — Quel dommage! Supprimer des belles dames qui ne demandaient qu'à faire du bien au pauvre monde, qui d'un coup de baguette, vous changeaient un paysan comme toi en prince...

PIERRE. — Et une paysanne comme toi en princesse.

JACQUELINE. — C'était donc pas gentil?

PIERRE. — C'était gentil tout de même. (En coupant le pain, il y trouve un papier.) Quoi que c'est que ça? Un papier dans le pain.

JACQUELINE. — Tu dis?

PIERRE. — Et un papier d'écrit, si' vous plaît.

JACQUELINE. — C'est pourtant vrai.

PIERRE (flairant le papier). — Il sent l'roussi.

JACQUELINE. — C'est peut-être une fée qui nous l'envoie.

PIERRE. — Queu bêtise!... Lis un peu, pour voir.

JACQUELINE. — Non, lis, toi.

PIERRE. — Non, toi.

JACQUELINE. — C'est-i que t'as peur, not'homme?

PIERRE. — Peur! Tu veux rire... (Il va pour lire et hésite.) Seulement je ne sais pas lire la petite écriture.

JACQUELINE (prenant le papier). — Donne alors. (Elle lit à haute voix.)

« Jacqueline, ta foi mérite récompense;

« Maître Pierre, je veux confondre ta science.

« A votre volonté, formez donc trois souhaits.

« Ils seront exaucés sitôt qu'ils seront faits. »

PIERRE (troublé). — Y a ça?

JACQUELINE. — Y a ça.

PIERRE. — Quelle aventure!

JACQUELINE. — Tu vois ben qu'y a encore des bonnes fées qui veulent du bien aux gens.

PIERRE. — J'ai ben envie d'souhaiter tout d'suite quelqu'chose pour voir si alle ne s'a pas moqué d'nous.

JACQUELINE. — Prends garde à ce que tu vas dire.

PIERRE. — Je n'souhaite pas encore. J'dis seulement que, quand je serons décidés... à nous décider, je crois ben que je demanderai à madame la fée des milliards de millions; et, comme ça, j'pourrai jouer aux boules tous les jours au lieu d'aller travailler aux champs.

JACQUELINE. — Moi, j'ai envie d'i demander de rester toujours jeune.

PIERRE. — Et moi, de n'jamais mourir.

JACQUELINE. — Et moi, d'être la plus belle à vingt lieues à la ronde.

PIERRE. — Oh là! not'femme; v'là déjà plus de choses que je n'avons le droit d'en souhaiter.

JACQUELINE. — C'est pourtant vrai. C'est pas assez de trois souhaits; c'est une demi-douzaine que la fée aurait dû nous accorder.

PIERRE. — Tu peux ben mettre la douzaine; l'appétit vient en mangeant, comme on dit. Alle a été chiche, madame la fée.

JACQUELINE. — Plus bas, si elle nous entendait.

PIERRE. — C'est juste. (A voix basse.) Alle a été chiche.

JACQUELINE (bas aussi). — Alle l'a été. (Vivement. comme si elle entendait un bruit soudain.) Qui qu'est là?

PIERRE (sautant de peur). — Quoi qu'y a?

JACQUELINE (écoutant). — J'avais cru entendre quelqu'un. Mais non, c'est personne.

PIERRE. — T'es ben sûre? (Parlant très haut et comme s'adressant aux quatre murs de la chambre.) C'est égal, alle a été ben bonne, madame la fée, de nous avoir accordé trois choses.

JACQUELINE (imitant Pierre.) — C'est énorme, trois choses, et nous serions

des ingrats d'en demander davantage... (Reprenant sa voix normale.) Et maintenant, pour mieux réfléchir, achevons vite d'souper.

PIERRE. — Ce qui ne sera pas malaisé.

JACQUELINE. — Oui, mais demain, queu festin!

PIERRE. — Vois donc, en attendant, si tu n'trouves pas queuqu' rogaton dans l'bahut.

JACQUELINE. — Ça me surprendrait, mais je vas chercher tout de même. (Elle ouvre le bahut.) J'voudrais trouver seulement un morceau d'boudin du bel habillé d'soie qu'on brûlait ce matin.... (Elle jette un cri.) Miséricorde!

PIERRE (tressaillant). — Quoi qu'y a encore?

JACQUELINE (tirant du bahut un plat de

boudin). — Pierre, voilà le boudin demandé.

PIERRE. — Le boudin!

JACQUELINE. — Même qu'il est tout cuit et qu'i fume encore.

PIERRE. — C'est, ma foi, vrai.

JACQUELINE. — Ben sûr, c'est la fée qui l'envoie.

PIERRE. — C'est présumable... C'est.... (Frappé d'une idée.) Mais peste soit de toi et de ton boudin! S'en aller gaspiller un de nos trois souhaits pour avoir un méchant morceau de boudin.

JACQUELINE. — Est-ce que j'savais, moi ? J'ai demandé ça sans seulement y penser.

PIERRE (la contrefaisant). — J'ai demandé ça sans seulement y penser! C'est, pardieu, le gros tort que t'as évu.

JACQUELINE. — Ne m'bougonne pas, mon Pierre.

PIERRE. — Non, mais voyez un peu : j'n'avons que trois choses à demander dans l'université du monde et c'te bête-là s'en va demander un boudin!

JACQUELINE. — Pierre!

PIERRE. — Ah! fiche-moi la paix, toi et ton boudin. J'donnerais queuqu'chose pour qu'i te sautît au nez.

JACQUELINE. — Mauvais, va. Tu ne m'as jamais parlé comme ça. (Elle pleure dans son tablier.)

PIERRE. — C'est que tu n'as jamais été aussi bête que ce soir. Oh! les femmes! les femmes!

(Cependant la jeune fille qui joue le rôle de Jacqueline et qui feint de pleurer doit se retourner et fixer à son nez le boudin qu'elle a dû cacher à l'avance dans la poche de son tablier. Le boudin a été fait avec du coton dont on a bourré un étui de soie brune. Pour l'accrocher au nez, il suffit d'y avoir adapté une petite pince que l'actrice fixe en ce moment à la cloison de son nez.)

JACQUELINE. — Oh! les hommes! les hommes!... Seigneur, mon Dieu! Mais quoi que j'ai là? (Se retournant vers Pierre.) Mais vois donc ce que t'as fait. J'ai le boudin au nez.

PIERRE. — En v'là ben d'une autre.

JACQUELINE. — C'est que je ne peux pas l'ôter. J'ai beau tirer dessus.

PIERRE. — Attends un peu. (Il prend un couteau et veut couper le boudin.)

JACQUELINE. — Oh! là! là! Tu me fais mal. C'est comme si tu m'coupais mon vrai nez.

PIERRE. — Mais quoi que c'est que c'te manigance-là?

JACQUELINE. — N'y a pas de manigance; y a que tu as souhaité que le boudin me sautît au nez et qu'i m'y a sauté, et que me v'là défigurée pour le restant de mes jours si je ne me dépêche pas de demander à madame la fée de m'enlever c'te horreur-là.

PIERRE. — Eh bien, c'est ça. Demande-z'i tout de suite. Alle ne doit pas être loin... (Se ravisant.) Ah! mais non. Garde-t'en ben. Si tu lui

demandes encore queuque chose, c'est fini de nos trois souhaits et je redevenons Gros-Jean comme devant.

JACQUELINE. — Veux-tu donc que je reste avec ce vilain morceau d'boudin au milieu de la figure, pour que tous les gens du pays s'moquiont de moi.

PIERRE. — Vilain! vilain : c'est déjà pas si vilain un beau morceau de boudin, ben appétissant comme celui-là.

JACQUELINE. — Il s'moque de moi, encore. (Elle repleure.) Hi! hi!

PIERRE. — Non, je n'me moque pas... Viens dans mes bras, ma petite femme. (Il la prend dans ses bras.) Seulement range un peu ton boudin, il m'empêche de t'embrasser.

JACQUELINE. — Tu te moques en-

JACQUELINE (sanglotant). — Hi! hi! j'suis t'i malheureuse! Être battue par son homme!

PIERRE. — Voyons, Jacqueline, j'ai pas frappé ben fort. Et puis c'est la première fois que ça m'arrive, et j'te promets que ça sera la dernière.

JACQUELINE. — Oh! oui. La dernière, parce que j'aime mieux me périr tout de suite.

PIERRE. — Te périr! (Pleurant à son tour.) Tu ne m'aimes donc plus, que tu veux te périr?

JACQUELINE. — C'est toi qui ne m'aimes plus, puisque tu me bats, puisque tu aimes mieux des milliards de millions que de faire plaisir à ta petite femme.

PIERRE. — Voyons, ma Jacqueline;

JACQUELINE. — J'étions si heureux c'matin encore. J'n'étions pas riches, c'est vrai; mais, en travaillant tous les jours, je gagnions bravement not'vie. J'nous aimions bien; j'étions toujours contents. Et v'là que, depuis l'histoire de ces maudits souhaits, c'est fini de not'bonheur.

PIERRE. — C'est pourtant vrai. Depuis une heure, j'passons not'temps à ne faire que des sottises, à nous chamailler....

JACQUELINE. — Tandis que, si tu voulais...

PIERRE. — Compris. (A haute voix et résolument.) — Enlevez l'boudin à Jacqueline, madame la fée.

JACQUELINE. — Pierre!.... (Elle se jette dans les bras de Pierre et enlève rapidement son boudin, puis elle se tâte le nez.) Mais c'est que je ne l'ai plus! (Avec joie.) N'est-ce pas, que je ne l'ai plus?

PIERRE. — Plus du tout.

JACQUELINE. — Ah! merci, mon p'tit homme.

PIERRE. — Embrassons-nous, ma petite femme, et souvenons-nous, not' vie durant, que ni l'or ni le boudin ne font le vrai bonheur.

COULOMMIERS. — IMP. PAUL BRODARD

www.ingramcontent.com/pod-product-compliance
Lightning Source LLC
LaVergne TN
LVHW052022160826
845678LV00003B/1166

* 9 7 8 2 3 2 9 6 4 1 1 8 8 *